SOUVENIRS

SUR

LE BARON LOUIS,

PAR

M. LE Mᴵˢ D'AUDIFFRET.

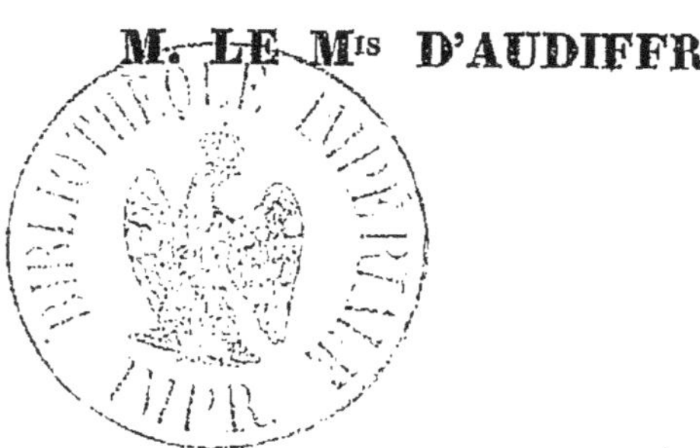

SOUVENIRS

SUR

LE BARON LOUIS.

———

Le baron Louis naquit à Toul, d'une famille de magistrature, en l'année 1755. La nature l'avait doué d'une forte constitution, d'une âme ardente, d'un caractère ferme et d'un esprit élevé. Ses études, faites avec distinction à Paris, se perfectionnèrent par les laborieux exercices de l'état ecclésiastique auquel ses parents l'avaient destiné, et par le commerce habituel des hommes distingués de son époque, vers lesquels un penchant mutuel avait attiré sa jeunesse.

Sa brillante imagination, l'étendue et la puissance de sa pensée, bientôt soumises aux règles du goût et aux formes élégantes de la bonne compagnie, le déterminèrent à acquérir, à l'âge de vingt-quatre ans, une charge de conseiller-clerc au Parlement de Paris.

Ses premiers travaux dans cette nouvelle carrière mirent en évidence la sagacité et la vigueur de son esprit, et lui méritèrent aussitôt la confiance et l'affection des personnes les plus éclairées de cette illustre magistrature. Son instruction précoce, la lucidité de sa parole et la rectitude d'un sens toujours sûr en avaient fait le rapporteur et le juge le plus distingué de la troisième chambre des enquêtes, au témoignage de ses émules et du vénérable magistrat qui la présidait. Ses études en finances et en politique, ses fréquents rapports avec les économistes de son temps, et surtout avec le célèbre Panchaud dont il fut à la fois le disciple et l'ami, élevèrent ses jeunes idées à la hauteur des grandes combinaisons dont il a fait plus tard une heureuse application aux intérêts généraux de son pays.

L'amour du bien public, qui l'entraînait souvent jusqu'à l'exaltation, lui fit partager les espérances d'amélioration et les idées généreuses de la révolution de 1789. Membre de l'Assemblée provinciale d'Orléans, il prit une part considérable à ses travaux et concourut très-activement à la rédaction de ses cahiers.

Sa discrétion et sa scrupuleuse exactitude

dans l'accomplissement de diverses missions qui lui furent confiées par Louis XVI, le firent choisir pour ministre plénipotentiaire en Danemark, en 1791; il se préparait par de laborieuses recherches à conserver dans ce nouveau poste la supériorité qu'il avait déjà montrée dans tous les autres, lorsqu'il vit se fermer, devant les progrès de l'anarchie, la brillante carrière qu'il s'était ouverte par ses talents. Il fut forcé, au commencement de l'année 1793, de fuir sur la terre d'exil la persécution des hommes pervers qui dissipèrent si cruellement toutes les illusions des gens de biens et qui auraient voulu ne conserver la patrie qu'aux complices de leurs crimes.

Dans cette pénible épreuve, son énergie naturelle et son industrieuse activité lui créèrent des moyens d'existence qui le mirent à l'abri de toute dépendance étrangère. Il put profiter de son séjour en Angleterre pour y emprunter les véritables principes d'administration et de crédit public dont il devait doter un jour sa patrie. Aussitôt qu'il fut possible d'échapper aux dangers de la proscription révolutionnaire, il revit le sol natal pour y chercher encore les affections et les espérances qu'il avait perdues en le quittant.

Le puissant génie qui venait de nous délivrer de l'anarchie en s'emparant des destinées de la France, découvrit bientôt, avec son admirable instinct de tous les genres de mérite, l'homme de talent qui promettait tant de grands services à l'administration, et lui confia d'abord une partie des liquidations arriérées du département de la guerre. Cette première mission parut aux yeux de ses amis fort au-dessous du rang qu'il occupait dans l'opinion publique; mais il fit taire leurs scrupules, en leur disant, avec la simplicité du véritable mérite; « Si je ne remplis pas « bien cette place, elle est trop élevée pour moi; « si je la remplis bien, je me charge de la gran- « dir. » Les efforts de son application persévérante triomphèrent bientôt de la complication et de l'obscurité d'un travail étranger à ses habitudes, et il sut débrouiller tous les éléments de ce chaos de créances litigieuses où la négligence et la mauvaise foi semblaient devoir consommer la ruine du Trésor au profit de l'intrigue et de la friponnerie.

La renommée de son habileté et de son respect pour les droits acquis le firent solliciter par le Gouvernement napolitain de fonder et de prendre la direction d'une caisse nationale d'amortissement. L'Empereur répondit, à cette occasion, aux personnes qui voulaient avoir son consentement : « Quel est donc cet homme que « chacun réclame et qui ne demande rien ? qu'il « reste. » Et il l'appela successivement à la direction des intérêts de la Légion d'honneur, aux fonctions d'administrateur du Trésor et aux travaux du Conseil d'État, d'abord en qualité de maître des requêtes, et plus tard de conseiller. Ce prince, presque toujours inflexible dans sa volonté, employait un jour toute son influence pour faire rejeter par ce Conseil une créance très-onéreuse au Trésor : il interpelle vivement le baron Louis au banc des maîtres des requêtes où il venait de s'asseoir, et il n'en obtient que ces paroles pleines de franchise et de loyauté : « Un État qui veut avoir du crédit doit tout « payer, même ses sottises. »

L'esprit libre et dégagé de toute sujétion au milieu de ces occupations multipliées, il fut temporairement envoyé à Amsterdam et à Munster pour y régler, avec son habituelle célérité, les comptes de la dette de Hollande et celles de cet ancien évêché. Il en termina l'apurement à l'entière satisfaction de ces pays étrangers, en faisant prévaloir, auprès du maître le plus difficile, les règles d'équité et les maximes de bonne foi publique qui font encore bénir son nom dans ces contrées, comme ils l'ont constamment honoré dans les conseils de l'Empire et du Gouvernement constitutionnel de la France. « Vous voulez « donc me ruiner, lui dit l'Empereur, en rece- « vant la proposition d'une libération complète. « — Non, Sire, répondit le baron Louis, les Gou- « vernements ne se ruinent pas en payant léga- « lement leurs dettes. Vous aurez un jour besoin « de crédit; vous ne pouvez le fonder que par « une rigoureuse justice envers les créanciers « de l'État. » Ces belles paroles furent alors comprises et acceptées dans toutes leurs conséquences.

Chargé par la confiance de M. le comte Mollien, de surveiller le contentieux du Trésor et la nouvelle Banque de l'État, connue sous le nom de Caisse de Service; il étudia de son regard pénétrant les nombreux rouages de ce grand mécanisme d'administration, et y découvrit les germes des réformes qui devaient un jour les simplifier. Il apprit également à connaître à l'avance, par cette étude préparatoire, les hommes capables et intègres qui étaient dignes de le suivre dans son utile carrière, et dont son affectueuse bienveillance lui fit dès lors une seconde famille.

Les délibérations du Conseil d'État fortifièrent encore sa longue expérience des affaires, par le développement des grandes vues du génie le plus vaste et le plus fécond, mais sans ébranler ses profondes convictions sur la liberté nécessaire au commerce et à l'essor de l'industrie, sur les ménagements du crédit public, sur les franchises nationales, enfin sur les véritables conditions du bien-être et de la prospérité des peuples. Aussi embrassa-t-il, en 1814, avec toute l'ardeur de son patriotisme, le système de gouvernement qui lui accordait des institutions analogues à celles dont l'Angleterre jouissait depuis longtemps, et qui avaient été l'objet constant des études et de l'admiration de cet homme d'État.

Au moment où le Gouvernement provisoire de cette époque le chargea du fardeau de l'administration des finances, les services étaient sans ressources et sans direction, par l'épuisement de la guerre et par le départ des chefs principaux du Ministère pour la ville de Blois; l'impôt ne rentrait plus depuis trois mois que dans les mains de l'étranger, et le Ministre ne trouva, dans toutes les caisses qui lui restaient, que cent mille écus, pour faire face aux besoins urgents qui se pressaient en si grand nombre autour du nouveau pouvoir.

Dix millions, repris par le zèle actif du baron Louis, à la suite de l'Impératrice, sur les fonds du domaine extraordinaire, furent enlevés à la Liste civile, dans la cour des Tuileries, et versés dans les coffres de l'État, nonobstant les réclamations des officiers de la Couronne.

Il sut dès lors opposer l'opiniâtreté de sa résistance à tous les cris populaires qui étourdissaient les oreilles bienveillantes du Lieutenant-Général du royaume contre les impôts les plus nécessaires.

Tels furent les premiers pas de ce courageux citoyen dans la carrière des affaires publiques que venait de lui rouvrir son dévouement à la France.

Placé par le nouveau souverain et par la confiance générale à la tête du département des finances, il commença graduellement et sans secousse la fusion des deux Ministères et des administrations spéciales qui en composaient l'ensemble, en instituant, à l'imitation du grand Colbert, un conseil périodique de tous les chefs de service, délibérant, en sa présence, sur les questions difficiles ou générales ; maintenant ainsi l'unité de vues et d'action dans les différentes parties du travail, et éclairant, par d'utiles débats, l'opinion du Ministre sur les choses et sur les personnes. Il sut en même temps profiter avec habileté du concours puissant et rapide des inspecteurs du Trésor, en les appliquant à tous les services des finances, et en les animant toujours de sa pensée et de son impulsion directe.

C'est à l'aide de ces premières combinaisons qu'il parvint à rassembler les éléments épars de la situation financière, qu'il forma l'aperçu général des dettes arriérées, et qu'il présenta le tableau complet des ressources et des besoins de l'avenir. Privé du secours d'une comptabilité rigoureuse dans les Ministères ordonnateurs, il ne chercha pas à atténuer par une politique étroite et déloyale les charges qui pesaient alors sur la France, et il aima mieux les porter sans réticence à leur maximum approximatif que de les diminuer à l'avance par les rejets incertains des liquidations ultérieures. Mais en même temps que ce budget public des dépenses de l'État révélait pour la première fois toute l'étendue de son passif, il présentait des voies et moyens proportionnés à l'importance des crédits ouverts, et faisait apercevoir une ère nouvelle pour nos finances, où l'équilibre devait se maintenir entre les produits à recevoir et les créances à payer. Ce grand acte de franchise et de probité financière fut le principal appui de la renaissance du crédit public, qui se développa davantage encore d'après la solidité des valeurs affectées aux engagements de l'État.

Dirigé par une politique aussi habile que prévoyante, et soutenu par la sagesse de Louis XVIII, il osa refuser la restitution des bois du clergé et proposer en même temps, au mépris des inimitiés les plus dangereuses, de les vendre aux enchères jnsqu'à concurrence de 150 mille hectares, afin de garantir à la fois, par cette décision hardie, l'inviolabilité des domaines nationaux et le paiement exact de tous les créanciers du Trésor.

Afin de réaliser sans retard cette importante recette, et de solder immédiatement les anciennes dettes de l'Empire, loyalement et intégralement acceptées, il fit remettre aux porteurs d'ordonnances ministérielles des obligations du Trésor, au pair et sans réduction de capital, avec jouissance d'un intérêt élevé, jusqu'au jour de leur remboursement, sur les produits successifs des adjudications de bois.

Il a été le premier en France à faire prévaloir la généreuse résolution d'une libération complète des dettes antérieures, contre les nombreux partisans de ces consolidations forcées qui avaient fait de toutes les liquidations précédentes autant de banqueroutes déguisées. On lui désignait alors l'un de ses collaborateurs comme le plus capable de le faire triompher des embarras du Trésor, et il répondait à ce conseil : « Ce n'est pas « l'intelligence qui lui manque, mais il n'a pas « assez de cœur pour bien comprendre le crédit « public. »

Le sacrifice temporaire de très-gros intérêts lui parut, à cette époque de défiance, un stimulant indispensable pour provoquer les avances volontaires des particuliers, qui dès lors sont venus s'offrir avec empressement aux caisses du Trésor.

Il eut ainsi le trop rare mérite de défendre et de faire maintenir dans son budget, avec la désignation nouvelle de *contributions indirectes*, les taxes sur les boissons, si vivement attaquées sous le titre de *droits réunis*, et dont le Trésor était menacé, par d'imprudentes promesses, de perdre pour toujours la précieuse et importante ressource.

Ce laborieux administrateur avait à peine obtenu la presque unanimité des suffrages pour les propositions de la loi de finances, qu'il reporta ses regards sur les diverses branches de service qui lui étaient confiées, et qu'il posa les bases de l'organisation des finances, en réunissant dans les mêmes mains les attributions analogues, et en instituant, au centre même de la direction administrative, une comptabilité générale chargée d'introduire des écritures et des méthodes uniformes dans tous les comptes, de fortifier la surveillance par des contrôles continuels et positifs, et de fournir au Ministre, aux Chambres et à la Cour des comptes, les nouveaux tributs de résultats et de justifications qu'exigeait la nature du gouvernement représentatif.

Pendant l'intervalle de temps que lui laissait la clôture de cette première session législative, il s'empressa de supprimer les valeurs d'ordre qui, sous les titres d'obligations, de bons à vue et de rescriptions, prenaient autrefois la place des recouvrements et des paiements effectifs dans le compte courant des receveurs-généraux avec le Trésor, et étaient ainsi substituées, avec des échéances arbitraires, aux rentrées et aux dépenses réellement opérées par ces comptables. Depuis l'exécution de cette utile réforme, les produits réalisés ont été, sans retard, productifs d'intérêts pour le Trésor dans les mains qui les ont reçus : son compte courant avec chaque receveur-général a été dégrévé de toute dépense fictive et anticipée : l'intérêt personnel de ces importants dépositaires des deniers publics les provoque incessamment à livrer les fonds de leurs caisses à tous les besoins exigibles. Il a complété plus tard cette amélioration si favorable à la ponctualité des paiements, en prescrivant le concours des percepteurs des divers impôts, pour l'acquittement local des mandats réguliers des ordonnateurs. Enfin, il a su profiter, en administrateur éclairé par l'expérience, des moyens que son prédécesseur avait si habilement préparés, pour diriger, avec autant de célérité que d'économie, les versements de fonds et les opérations de banque du Trésor, et pour suppléer, sur tous les points et dans tous les temps, à l'insuffisance locale et momentanée des recettes de l'impôt, par les ressources auxiliaires d'un crédit inépuisable, puisqu'il repose sous la double garantie des receveurs-généraux et de l'administration des finances.

Les événements du mois de mars 1815 le surprirent au milieu de ses actives dispositions pour le succès du plan de finances consacré par la loi du 23 septembre 1814. Les réserves de fonds, qu'il avait sagement ménagées pour assurer l'exact remboursement des obligations du Trésor, et pour consolider les fondements du crédit public, devinrent la principale ressource du nouveau Gouvernement dans sa lutte immédiate contre l'étranger.

Toutes les caisses étaient épuisées par les exigences de la guerre et par le pillage des ennemis;

les différentes sources de revenus étaient taries par les contributions et par les dommages incalculables de l'invasion des armées de l'Europe; la confiance s'était subitement retirée à l'aspect des charges menaçantes du présent et de l'avenir; enfin les transactions particulières et l'action du Gouvernement s'étaient partout arrêtées, lorsque le baron Louis ne craignit pas de reprendre la responsabilité du service du Trésor, et d'opposer, toute seule, l'énergie de son dévouement aux malheurs désespérants dont la France était accablée.

Il faut avoir été témoin, dans cette crise fatale, de la prodigieuse activité de son génie inventif et de ses patriotiques inspirations, pour apprécier la puissance de son courage, les ressources de son habileté financière, et tous les droits qu'il s'est acquis à la reconnaissance nationale.

On l'a vu soustraire avec une adresse pleine d'audace et de bonheur, à la cupidité des troupes, avides de butin, les encaisses cachés par le dévouement des comptables, sous le fer exacteur de l'ennemi. On l'a vu solliciter et obtenir, au milieu de la détresse et de la terreur du moment, les secours du commerce et des receveurs-géné raux, qui osaient encore s'abandonner à la loyauté éprouvée du Ministre. On l'a vu, par un admirable effet de l'influence qu'il exerçait sur le pays, puiser inopinément dans les réserves de fonds conservées par la prévoyance des familles opulentes, un subside extraordinaire de 100 millions, qui lui a permis de racheter la France asservie des mains de l'étranger, et de la rendre à elle-même et à son gouvernement.

Après cet heureux effort pour secouer le joug qui pesait sur nos têtes, la vie publique s'est ranimée dans toutes les parties du royaume, le travail a repris son cours, les revenus ont afflué vers le Trésor, et déjà le retour de l'abondance et du crédit semblait la conséquence prochaine de tant de persévérance à surmonter une aussi grande épreuve; mais les derniers tributs, imposés par les étrangers pour l'abandon du territoire français, épuisèrent la patience de celui dont le courage avait toujours su braver les difficultés d'une lutte aussi pénible que glorieuse, et il ne se sentit pas assez de résignation pour rester au pouvoir en acceptant la responsabilité de ces nouveaux sacrifices.

Nommé grand-croix de la Légion-d'Honneur,

et rendu, à la fin de 1815, aux loisirs de la vie privée, il les consacra sans relâche aux devoirs de député de sa ville natale. Il apportait encore, dans cette nouvelle mission, un amour éclairé du bien public qui l'invitait toujours à seconder le zèle de ses collègues par les conseils de son expérience. On remarquait aussi son généreux empressement à venir au secours du Ministre des finances toutes les fois que sa conviction lui ordonnait de le défendre et de protéger les services qui lui étaient confiés.

Rappelé au ministère après trois années d'un repos aussi utilement employé, il trouva le revenu public considérablement amélioré par l'influence de l'ordre et de la paix, et la dette inscrite plus que doublée par les traités rigoureux auxquels il n'avait pas voulu souscrire. Le poids des dépenses publiques était encore difficile à supporter ; il favorisa donc, par des conditions de banque habilement calculées, et au moyen desquelles il associait l'intérêt direct des receveurs-généraux dans les bénéfices qu'il procurait au Trésor, le développement des avances de fonds de ces grands comptables, dont il s'était d'ailleurs attaché à fortifier le personnel par le

choix de riches capitalistes toujours prêts à seconder l'administration de leurs propres ressources et de celles de leurs correspondants.

Il chercha en même temps à soulager la
place de Paris des nouvelles émissions de rentes
qu'avait exigé l'acquittement successif de nos
engagements de toute nature, et il fit établir
dans ce but, par le receveur-général de chaque
département, un petit grand-livre où vinrent se
placer avec confiance les fonds oisifs des habi-
tants des provinces, et se populariser cette nature d'effets publics. Cette ingénieuse mesure a
ouvert une voie large et tranquille à l'écoule-
ment graduel et au classement définitif de ces
valeurs, en dégageant le marché de la Bourse
d'une surabondance contraire à l'élévation des
cours.

Il réussit également à perfectionner, pendant
la courte durée de cette troisième période mi-
nistérielle, l'organisation de la trésorerie et de
la comptabilité générale des finances, et il remit,
au mois de juin 1820, à son nouveau successeur,
des produits améliorés, des caisses plus abon-
damment pourvues, des moyens de crédit plus
forts et plus étendus, enfin une tâche rendue

plus facile par l'apurement des embarras anté-
rieurs et par sa prévoyance habituelle des besoins
présents et futurs du Trésor.

Depuis cette dernière époque, il reposait sa
laborieuse vieillesse tantôt dans l'accomplissement des obligations de protecteur de sa famille,
et tantôt dans l'exercice des fonctions législa-
tives le plus utilement remplies, lorsque les
événements de 1830 lui offrirent une nouvelle
occasion de se dévouer au salut de tous, et de
présenter l'autorité de son caractère et de son
nom dans les finances, pour imposer à l'anarchie, et lui arracher les gages de tous les créanciers de l'État, la récompense de tous les services publics, enfin ce puissant Trésor que la
société s'est ménagé dans sa prévoyance pour se
protéger elle-même, et pour résister à tous ses
désordres. Il osa encore, malgré le poids de ses
longues années, affronter la responsabilité d'une
administration dont les revenus et le crédit
étaient profondément altérés, et il n'hésita pas à
recommencer la courageuse carrière qu'il avait
glorieusement parcourue en 1815.

Ses efforts furent couronnés d'un prompt succès, la marche des rentrées ne fut point in-

terrompue, le service des dépenses ne souffrit aucun retard. Il convertit en monnaie française, avec une promptitude sans exemple, les 50 millions du Trésor d'Alger, et les rendit immédiatement applicables aux besoins courants; et il ajouta à cette première ressource les secours d'un crédit administratif qui ne lui ont jamais manqué.

Mais il s'éleva bientôt dans le conseil des dissentiments qui le décidèrent à remettre en d'autres mains la tâche difficile qu'il avait si heureusement commencée; et, dès le mois de novembre 1830, il avait déposé le portefeuille des finances.

Cependant la secousse politique et financière de l'année 1831, qui ébranla si violemment les ressorts de l'administration, ne lui permit pas de résister aux instances de Casimir Périer, et il consentit à rentrer au poste le plus difficile pour rétablir l'équilibre, déjà détruit, des ressources et des besoins du Trésor. Le baron Louis, en se dévouant à cette nouvelle tâche, connaissait bien l'effrayante situation des finances au 31 mars 1831; elle n'ébranla pas son courage; il dévoila aux Chambres toute l'étendue du mal, provoqua une enquête parlementaire, demanda des sacrifices qu'il sut obtenir, et rétablit, à la fin d'avril, l'abondance du Trésor et la sécurité de ses créanciers.

Il parvint d'abord à réaliser, avec d'équitables ménagements, un précédent emprunt de 80 millions, dont une rigueur imprudente aurait fait évanouir la précieuse ressource dans la ruine du débiteur. Il reçut ensuite de la propriété foncière 60 millions de contributions additionnelles, et réussit à combler ainsi une partie du déficit que les inquiétudes du moment et d'hostiles préventions contre l'impôt des boissons venaient de créer sur les douanes et sur les produits indirects. Enfin il réclama encore avec le même succès les avances des receveurs-généraux et les subsides particuliers du service de la trésorerie et du crédit public, en offrant pour hypothèque aux créanciers une partie du sol forestier, et, comme une inviolable garantie, son ancienne fidélité à solder avec exactitude tous les engagements de l'État.

Préoccupé de la pénurie du Trésor et des embarras de ces temps difficiles, Casimir Périer répondait à une personne qui le sollicitait, devant le Ministre des finances, pour une dépense con—

sidérable : « Le baron vous refusera une aussi
« grosse somme. — S'il s'agit d'un service utile,
« s'écria celui-ci avec sa vivacité accoutumée,
« je vous trouverai un milliard; vous n'aurez
« pas un centime si vous me parlez d'une dé-
« pense qui ne soit pas nécessaire. »

Ces nouveaux efforts de courage et de talent
ont fait triompher pour la troisième fois la fortune de la France des calamités qui menaçaient
de l'engloutir; le baron Louis a su la délivrer, à
plusieurs reprises, des conséquences désastreuses
d'une banqueroute et conserver intacts son honneur, sa puissance et son crédit. Après avoir,
par vingt mois d'améliorations rapides dans la
fortune publique, acquitté sa dernière dette de
dévouement à la patrie, il laissa à son successeur
une situation financière aussi rassurante pour le
présent que pour l'avenir.

C'est seulement alors qu'il a commencé à recevoir la récompense la plus digne de ses longs
et honorables travaux, en suivant avec une joie
bien méritée, sur le siége élevé qu'il occupait à
la Chambre des Pairs, les récents progrès de cette
prospérité publique dont il avait si souvent pré-
paré les bienfaits.

Ceux qui ont connu cet ancien administrateur ont admiré son inépuisable prévoyance pour créer des ressources au Trésor, sa religieuse exactitude à satisfaire tous les droits des créanciers de l'État, son inébranlable fermeté pour défendre l'intérêt général contre les prétentions mal fondées de l'intérêt privé, pour soutenir le mérite modeste contre les efforts de l'intrigue et de la faveur, et pour protéger les fonctionnaires utiles contre les réactions politiques de tous les temps et de tous les partis.

Témoin éclairé de révolutions nombreuses, il fut toujours prêt à combattre les passions individuelles et à servir les intérêts nationaux. Un jour qu'il était assailli par une foule de solliciteurs, il ouvrit brusquement sa porte et leur dit avec impatience ces paroles où se peignent si fidèlement la vivacité et la franchise de son caractère : « Que me voulez-vous ? vos con-« seils, je n'en ai que faire ; des dénonciations, « je ne les écoute pas ; des places, je n'en ai « qu'une à votre service, c'est la mienne : pre-« nez-la, si vous la voulez. » Puis il referma sa porte.

Ses collaborateurs ont pu seuls apprécier son

infatigable activité pour le travail et cette ardeur pour le bien public dont il électrisait chacun des chefs de service par les fréquentes étincelles de sa verve patriotique. Sa parole toujours spirituelle et persuasive animait tous les esprits de sa pensée, et pénétrait toutes les âmes de la véhémence de ses sentiments. Son élocution facile et brillante dans son cabinet, parce qu'elle était toujours appuyée sur une conviction profonde et inspirée par la plus féconde imagination, se refroidissait à la tribune devant l'appareil d'une discussion publique et se troublait quelquefois devant les sophismes des rhéteurs et des avocats. Riche d'expérience et de véritable savoir, il n'aimait à communiquer les idées et les connaissances qu'il avait acquises qu'à ceux qui pouvaient les comprendre et les apprécier, et il ne répondait aux attaques des hommes superficiels et présomptueux que par les bienfaits d'une administration éclairée.

On l'a vu constamment dominer et embrasser dans sa haute intelligence l'ensemble de son Ministère, ne se réserver que les vues générales et la direction supérieure de chaque partie et laisser toute l'exécution des détails à ceux qu'il avait jugés dignes d'une confiance sans bornes et qu'il leur conservait toujours.

Quoiqu'il embrassât avec ardeur les améliorations et les réformes utiles, il ne procédait ordinairement à leur application qu'avec la réserve et les sages précautions que lui commandait sa longue pratique des hommes et des affaires.

Dégagé de toute prétention personnelle, étranger aux vanités de l'esprit et du talent, il poursuivait le bien public avec tant d'abnégation de lui-même qu'il montrait un sang-froid inaltérable au milieu des embarras et des dangers des temps difficiles. Aucune crainte, aucune arrière-pensée n'arrêtait son courage devant les résistances : il les attaquait en face et sans ménagement, marchait droit à son but, sans éviter les traits dirigés contre lui ; maître de sa volonté comme de ses actions, il finissait toujours par triompher de tous les obstacles. Les jours de calme, où il se trouvait en butte aux petitesses et aux mesquines tracasseries des partis, épuisaient souvent sa patience et lui inspiraient du dégoût pour une administration où il ne croyait plus sa présence aussi nécessaire.

On ne l'entendait jamais parler dans sa retraite des services qu'il avait rendus, que pour en attribuer le mérite à ceux qui l'avaient secondé avec un zèle d'autant plus dévoué qu'il savait mieux que personne grandir et honorer leur capacité.

Il n'était fier que des talents qu'il avait créés par ses encouragements et par ses conseils; la jeunesse intelligente et laborieuse trouvait en lui l'appui le plus fidèle et le guide le plus bienveillant. Son plus grand bonheur, celui dont il aimait ordinairement à se vanter, c'était d'avoir mis un homme de mérite à la place où il servait le mieux la société. Les qualités éminentes effaçaient à ses yeux les fautes légères et même les torts qui auraient pu le blesser, car il avait trop d'élévation dans l'âme pour humilier la faiblesse et pour triompher et se grandir des imperfections d'autrui. Personne ne savait mieux reconnaître les bons services ni rendre hommage aux œuvres de talent. Son zèle actif sentait toujours l'aiguillon d'une émulation généreuse et jamais celui d'une envieuse rivalité. La simplicité de ses manières, la franche cordialité de son accueil et la bonté chaleureuse de son âme commandaient à tous l'affection et le dévouement : aussi tous ceux qui appartenaient à cet homme de cœur par les liens de la famille, de la reconnaissance ou d'une intime relation, lui sont restés trop fortement attachés pour que la mort même ait pu briser des nœuds aussi chers, et les séparer entièrement de leur père adoptif, de leur bienfaiteur et de leur excellent ami. Le coup douloureux qui les a frappés à tant de titres, a enlevé à la Chambre des Pairs une illustration administrative dont le nom rappelle à la fois la détresse et le salut du Trésor, la banqueroute imminente et la renaissance du crédit public; une de ces expériences longtemps respectées qui ajoutait à l'autorité de ses décisions; enfin un homme d'État aussi éclairé que courageux qui prêtait au Gouvernement des secours toujours puissants par la fermeté de son caractère et par l'indépendance de sa situation.

DE L'IMPRIMERIE DE CRAPELET,
Rue de Vaugirard, n° 9.